쿠키런 킹덤

⑩ 잊혀진 마법학당

글 김강현 그림 김기수

글 김강현

종합학습만화지 〈보물섬〉에 수리과학 만화 〈홈즈VS루팡 수학대전〉과 예체능 만화 〈파이팅 야구왕〉을 연재했습니다. 저서로는 〈라바 에코툰〉, 〈코믹 드래곤 플라이트〉, 〈쿠키런 서바이벌 대작전〉, 〈신비아파트 한자 귀신〉, 〈잠뜰TV 픽셀리 초능력 히어로즈〉 등이 있습니다. 어린이들이 만화를 통해 상상력과 창의력을 키울 수 있도록 끊임없이 연구하며 글을 쓰고 있답니다.

그림 김기수

학습만화 단행본 〈코믹 귀혼〉, 〈카트라이더 수학 배틀〉, 〈테일즈런너 바다 생물 편〉, 〈코믹 서유기전〉, 〈마법천자문 영문법원정대〉, 〈메이플 매쓰〉, 〈쿠키런 서바이벌 대작전〉, 〈신비아파트 한자 귀신〉 등 어린이 학습만화를 그리고 있습니다. 어린이들이 즐겁고 재미있게 공부하고 꿈을 키울 수 있도록 멋진 그림을 그리고 있답니다.

캐릭터 소개

용감한 쿠키

기억을 잃고 달고나 마을에서 깨어난 쿠키.
과거의 기억을 찾고 어둠마녀 쿠키를
막기 위해 소울잼을 찾으려 한다.

호밀맛 쿠키

강력한 호밀 쌍권총을 휘두르며 나쁜 짓을 일삼는
쿠키나 몬스터에게 정의의 호밀 총알을 쏘아 댄다.
용감한 쿠키와 용의 길에서 만나 동료가 된다.

커스터드3세맛 쿠키

백성과 함께하는 위대한 왕이 되고 싶어하는 쿠키.
나중에 왕국을 만들어 용감한 쿠키와
호밀맛 쿠키를 장관에 임명시키고 싶어 한다.

뱀파이어맛 쿠키

항상 의욕없는 행동과 말로 용감한 쿠키 일행의
기운을 빠지게 하지만 중요한 순간에 제 역할을 한다.
연금술사인 동생을 무서워한다.

에스프레소맛 쿠키

전설의 각설탕을 찾으러 왔다가
용감한 쿠키의 일행이 된다. 아무도 기대하지 않은
의외의 마법 실력으로 일행을 놀라게 한다.

연금술사맛 쿠키

못 미더운 오빠 때문에 항상 걱정이 마를 날 없는
똑똑한 동생. 용감한 쿠키의 일행이 되어
어둠마녀 쿠키의 부활을 막으려 한다.

칠리맛 쿠키

마음에 드는 쿠키에게는 도움을 주고 싶어하는
의리 있는 도둑이다. 호밀맛 쿠키의 오해를 풀고
연금술사맛 쿠키의 친구가 되어
모험을 함께하게 된다.

골카론

쿠키들을 블루베리 요거트 마법학당까지 안내해주는
길잡이 해골. 무서운 생김새와는 다르게
따뜻한 마음씨를 가지고 있다.

꿈꾸는 바할로모트

블루베리 요거트 마법학당의 교장 선생님.
위대한 마법사지만 가스 생명체에 의해
꿈속을 헤매고 있다.

미궁의 단죄자 전술 선생님

폐허가 된 마법학당을 지키고 있는 선생님 중 하나.
다른 선생님들과 다르게
제정신을 일정 시간 동안 유지할 수 있다.

차 례

1화 잠자는 도서관의 책

대륙에 어마어마한 전쟁이 벌어진 후 처음 소환된 것 같아~.

맞아요, 골카론 님! 그동안 세월이 엄청 흘렀어요.

그동안 뭐 하느라고 나 안 불렀떵? 나 심심했었떵~.

말투가 왜 그러세요…?

오, 아이스크림 유령! 오랜만이군!

잘 지내셨죠? 이 쿠키들을 마법학당까지 태워 주실 수 있나요?

흐음~, 너희들 모두 마법학당으로 가는 거야? 모두 몇이나 탈 건데? 어디 보자~.

모두 여섯이에요.

태, 태워 주시면 감사하겠습니다.

눈치 보인다….

블루베리 요거트 마법학당은 저 깊은 물속에 있는 것 같은데 이 배를 타고 어떻게 가는 거예요?

혹시 잠수복이라도 주나요?

하하! 물속에 있는 것처럼 보인다고 진짜 그런 게 아니야!

네?

기대하라고! 자, 가자!

괘, 괜찮을까?

저렇게 말하는데 별일 없겠지….

푸아아

어?
숨 쉴 수
있어!

흐아아!
살았다!

골카론,
대체 이게 어떻게
된 거예요?

후후~.

블루베리 요거트
마법학당은
다른 차원에 있거든.

물속에 있는 걸로
보이지만
사실은 다른 세상에
있는 거지.

골카론! 저건요?

차원 뿔오징어!

차원 해삼!

차원 광어!

차원 우럭!

여기에 차원 해산물 가게 차리면 재료 걱정은 안 해도 되겠어.

아하하..

차원 도미

차원 주꾸미

근데 이상하네. 예전엔 이곳에 차원 물고기들이 이렇게 많지 않았는데?

골카론도 여기는 오랜만에 오셨나 보죠?

지금도 마법학당에 계실까요?

그럴 거야.

그건 아니야! 내가 마지막으로 셔틀 배를 운행한 게 전쟁이 난 직후였거든.

그럼 학생들도 남아 있을까요?

그때 마법학당의 학생들 모두를 지상으로 이동시켰어. 안전한 곳으로 대피시킨다고 하더군.

하지만 선생님들은 학당에 많이 남았지. 다들 영체라 별일 없이 잘 있을 거야.

마법학당에 다 와간다.

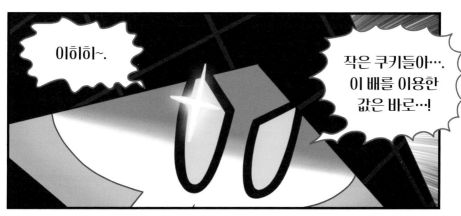

함께 찍은 인증 사진이야!

내 SNS에 올려서 나 친구 없다고 놀리는 녀석들한테 보여 줘야징~.

명계에 인터넷이 되나요?

5G 초고속!

우아!

과학이 엄청나게 발달한 크렘 공화국에서나 인터넷을 사용한다고 들었는데…. 명계도 대단하네요. 한번 가 보고 싶어요.

가고 싶어? 방법은 간단해! 영혼이 되면 된단다~.

아이스크림 유령처럼 떠돌지 말고 명계의 문이 열렸을 때 바로 들어가면 갈 수 있어.

아…. 오래 살고 나중에 가 볼게요.

처음엔 해골이라 무서웠는데 알고 보니 참 좋은 분이야~.

역시 외모만 보고 섣부르게 판단을 하면 안 되는 거였어.

와, 여기가 마법학당이구나.

엄청 넓은데도 정말 아무도 없어요!

저 문으로 들어가면 될 것 같아!

왠지 느낌이 좋은데요. 선생님들을 곧 만날 수 있을 것 같아요!

끼이익

여긴…,
도서관이네요.
책들이
엄청 많아요.

도서관에
도둑이 든 거야?
책을 훔쳐 가려고?

세계 최고의
도둑으로서 말하자면,
여긴 도둑이 든 게
아니야.

물건만
어지럽게
쓰러져 있을
뿐이지.

정말?

저기 봐!
척 봐도 비싸 보이는
물건들이
그대로 있잖아.

끼아아아!

으악!
깜짝이야!

연금술사맛
쿠키!
왜 그래!

책들아~,
나의 귀여운
책들아….

진정하렴.

와! 책들이
얌전해졌어요!
선생님,
고맙습니다!

나는
이 도서관의
사서다.

그리고,
이 책들은
화가 났지.

아,
사서…!

너희들이
도서관에서
떠들었기 때문이야.

네?!

고작 그것
때문에
공격을….

고작이라니!
이 도서관에서 떠드는 건
누구라도
용서할 수 없어!

쿠아아

어이쿠!

잠시만요.
지금 도서관 사서가
가장 시끄러운 것
같은데요.

그건
그러네.

시끄럽다고!
입 닫고 말해!

쿠아아

입을 닫고
어떻게 말하죠?

'꼼짝 말고
손들어.'와
비슷하군요.

저게 대체 뭐냐고오! 이곳에서 무슨 일이 일어나고 있는 거야!

일단 계속 가자! 얼음은 금방 녹을 것 같아!

이게 무슨 소리지? 저 문 뒤에서 나는 것 같아!

몬스터가 아니어야 할 텐데….

구시렁 구시렁

생긴 걸 보니 몬스터네….

나도 몬스터에 한 표.

아니야! 선생님일 수도 있어.

어?

어디 보자….

수업을 빠지고 놀러 간 학생이 둘이라….

세인트릴리 쿠키와
퓨어바닐라 쿠키가
이곳에 함께
있었어요?

너희들….

수업에 안 들어가고
여기서 뭐 하는 거니?
안 되겠다.
악몽의 명단에
이름을 적어야겠군!

네?!

이름을
적는다고요?

너 이름이
뭐니?

네? 저는…
커스터드 3세맛
쿠키인데요?

그래?
기다려 보렴.

사각 사각

커스터드 3세맛…
쿠키….

자!
네 이름은 뭐지?

호밀맛 쿠키!
절대 이름을 말하면
안 돼요!

걱정 마,
연금술사맛 쿠키!
내가 바보도 아니고
이름을 말할 리
없잖아!

호밀맛 쿠키와
연금술사맛 쿠키라….
알았다.

헉!

안 돼!

망했다….

말도 안 돼!
내가 바보였다니….

칠리맛 쿠키!
이제 괜찮은 것 같아.
더 이상
안 쫓아와!

휴,
다행이다….

명단에
갇혀 버린
친구들은
어떡해….

울지 마, 용감한 쿠키!
이제 우리 둘만 남았으니
어떻게든 친구들을 빼내고
여길 빠져나가야 해!

알았어.
우선 이곳이 왜
이렇게 됐는지
원인을 알아야
하는데….

다시 나가서
골카론에게
물어볼까?

아니야. 골카론도
이런 상황에
대해선 모르고
있을 것 같아.

그런데
골카론이
말한 거
기억나?

차원의 균열에 사는 차원 물고기들이 예전엔 이렇게 많지 않았다고 했잖아.

흠….
그것과 여기의 존재들이 이성을 잃어버린 게 관련이 있을까?

모르겠어. 하지만….

쨍그랑

이번엔 또 뭐지?

저 방에서 난 소리 같은데….

화학 실험실인가 봐.
저분은 혹시
화학 선생님이려나?

우릴 공격하지
않아야 할 텐데…

새로운 화학물질 '완전깜짝놀라X'가 완성되었군.

이것과 저번에 만든 '어머나세상에 이게뭐야Z'를 혼합하면….

악몽의 화학물질 '이런게있을줄 상상도못했지W'가 탄생하는 거지.

우하하하! 나는 역시 천재 화학자야!

제정신 아닌 것 같다.

응, 그런 것 같네…

누구냐!

3화 꿈꾸는 바할로모트

우아!
노란색 병에선
모래가 나오네?

복도가
모래로 막혔어!

그런데 모래라서
금방 뚫고 나올 것
같은데….

그래?
그렇다면….

이것도
던져 보자!

이곳은
마법학당의 체육실이란다.
여기서는 기본적인 체력 단련과
싸움의 기술, 전략, 전술을
체스 게임을 통해
배우는 곳이지.

와! 그래서
바닥이 체스판같이
생긴 거구나!

이건 체스의
말인가 봐요.

번쩍

깜짝

엄마야~!

지금 시합하는 거 아니야!

저 체스 말들은 마법으로 스스로 움직일 수 있어. 그래서 여기에 누가 들어오면 체스 게임 하는 줄 알고 움직이는 거야.

우린 가만히 있자…

안 돼!
정신 차려!

선생님,
괜찮으세요…?

이제 좀
정신이 맑아졌네.
당분간은 괜찮을 거야.

전쟁이 일어난 후,
학생들을 모두 피신시키고
학당은 선생님들만
모여서 지키고 있었단다.

쿠키들의 대륙에 일어난 전쟁은
실로 어마어마한 것이었지.
그 충격파는 다른 차원에 있는
이 학당에까지
미칠 정도였으니….

책들이
흔들리잖아…!

이러다 책들이
무너져 버려서
도서관이 엉망이 되겠어.
책에 마법을 걸어서
스스로 움직일 수 있게 하면
피해를 줄일 수 있겠지.

여러분!
차원의 균열로
이계의 몬스터가
들어올지도 모르니
우리도 준비를
철저히 해야 됩니다!

그래야겠군요.

우리는 우리 나름대로
차원의 균열을 틀어막고
가끔씩 비집고 나오는
몬스터들을 막으면서
지냈단다.

그런데…,
그 일이 일어난 거야.

차원의 균열에서 눈에 보이지 않는 가스 생명체가 흘러나온 거지!

그 가스 생명체는 차원의 균열 너머 혼돈의 차원에 살던 생명체였지.

가스 생명체는 살아 있는 쿠키에는 어떤 영향도 끼치지 않아. 하지만 영체인 우리들은 영향을 받아 정신이 오염되었어.

그래서 우리는 시간과 상황을 인식하는 능력이 망가져 버린 거란다.

평화롭게 아이들을 가르치던 시간대와 차원 침입자와 싸우고 있는 시간대가 중첩된 채로 살게 된 거야.

나의 영체는 두꺼운 엑토플라즘 막에 겹겹이 쌓여 있거든. 가스 생명체가 그 막을 뚫고 들어오기 힘들기 때문에 제정신을 유지하고 있는 거야. 하지만 가스가 슬슬 스며들고 있어서 언제 너희들을 공격하게 될지 나도 모르겠구나.

아! 그래서 우리를 학생으로도 보다가 괴물로도 보는 거군요!

그런데 전술 선생님은 어떻게 무사하신 거예요?

어쨌든, 이곳에 살아 있는 쿠키가 들어오다니…. 놀랍구나! 이런 행운이 있을 수가!

행운이라니요? 저희가 뭔가 할 수 있는 일이 있나요?

너희들은
바할로모트 교장 선생님이
계신 곳으로 가야 해.

저희도 마침
교장 선생님을
만나러 온 거예요!
그분은 괜찮나요?

아니, 그분이
제일 심각해!
교장 선생님은 아예
꿈속에 살고 있다고
봐야지.

휘청

네? 그럼
어떻게….

교장 선생님이 계신
교장실의 벽에는
초고대의 유물이
보관되어 있단다.

전설에
의하면….

태초에 위대한 창조신들이
온갖 정성을 들이고 심혈을 기울여
쿠키를 창조할 때 쓰이던 도구라고 하는데….
확실한 건 알려져 있지 않지.

한데 그 모양이
쿠키를 찍어낼 때 쓰는
도구와 같아서
쿠키 커터라고 이름 붙였어.

그 쿠키 커터는
여러 실험을 해 본 결과,
영체 말고는 그 어떤 것도
통과시키지
않는다더군.

뻥 뚫려 있지만
아무것도
통과할 수 없는
이상한 도구란다.

신기해요!

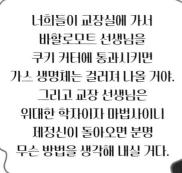

너희들이 교장실에 가서
바할로모트 선생님을
쿠키 커터에 통과시키면
가스 생명체는 걸러져 나올 거야.
그리고 교장 선생님은
위대한 학자이자 마법사이니
제정신이 돌아오면 분명
무슨 방법을 생각해 내실 거다.

쿠키 커터라….

가스 생명체가 처음
마법학당에 들어왔을 땐
순식간에 벌어진 일이라
우리들은 아무 대처도
하지 못했어.

나는 운 좋게도
엑토플라즘 막을
통과하려는
가스 생명체의 존재를
미리 알아챈 거야.

어때?
할 수 있겠니?

커터를 찾은 뒤,
교장 선생님을
통과시킨다라….
별로 어려울 것
같지 않아요!

아니, 무척
어려운 일이야!
나도 몇 번 시도해
봤지만 교장실 안에
들어가지도 못하고
날아가 버렸어.

아….

다행히 복도에
차원 괴물들은
없구나.

이 틈에
빨리 가면
되겠네요!

이쪽이야!

끄아악!

쾅
쾅쾅

크헉!

전술 선생님, 꼭 성공할게요!

휙

휙

츄학

겨우 들어왔어!

휴….

쾅

!

교장실은 아무나 들어올 수 있는 곳이 아니에요.

하지만 이번만은 이해하도록 하죠, 세인트릴리 쿠키. 도대체 뭐가 그리 궁금한 거죠?

깜짝

!

'세인트릴리 쿠키'라는 이름을 말했어! 교장 선생님은 지금 옛 시절의 꿈을 꾸고 계시나 봐.

지금 다른 곳에 신경 쓸 게 아니야, 용감한 쿠키. 빨리 쿠키 커터를 찾아야 한다고.

헉! 서… 설마 저게…?

칠리맛 쿠키, 왜 그래?

쿠키 커터를 찾은 것 같긴 한데…. 이게 좀….

어?!

4화 마법학당의 삼총사

어으….

그, 그게….

가까이서 보니 엄청 무섭다….

대답을 못하다니 이상하구나, 이상해.

설마 너희들….

키이아아악

으악! 번개가…!

으아… 그, 그러니까!

1학년 1반 용감한 쿠키예요!

용감한 쿠키!
아무리 무서워도 그렇지
대충 말해 버리면
어떡해! 더 화내겠네!

그, 그런가?
어떡하지!

크어어….
뭐라고…?
용감한 쿠키라고?

그랬구나!
용감한 쿠키 맞네~!

네?

저, 절
아세요?

알다마다~.
저 머나먼
미지의 대륙에서
이곳으로 유학 왔잖니!
이름은 용감한 쿠키!

우리 학당에서 1년간 마법과 역사 그리고 수학 등 여러 과목을 배웠지.

지금 선생님들은 용감한 쿠키를 모를 거야. 다들 용감한 쿠키가 돌아간 뒤에 오신 분들이라…

용감한 쿠키, 기억나?

아니….

용감한 쿠키는 참 마법에 소질이 없었어.

그랬나요?

하지만 다른 과목들은….

훨씬 더 못했지~.

수학은 주관식, 객관식 가리지 않고 언제나 빵점이었어!

헉!

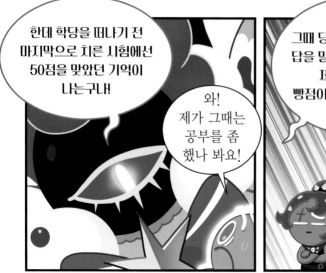

한데 학당을 떠나기 전 마지막으로 치른 시험에선 50점을 맞았던 기억이 나는구나!

와! 제가 그때는 공부를 좀 했나 봐요!

그때 당시에 네가 말하길, 답을 밀려 썼다고 했단다. 제대로 썼으면 빵점이었을 텐데 말이지.

쿵..

1년 동안이었지만 그때 용감한 쿠키는 우리 학당 역사상 최고의 천재 둘과 함께 삼총사가 되어 같이 다니곤 했어.

그들은 항상 전교 1, 2등을 도맡아 하는 학생들이었는데, 꼴등인 용감한 쿠키와 금방 친해져서 신기했단다.

그래서 내가
세인트릴리 쿠키라는
이름을 듣고 그렇게
가슴이 뛰었던 걸까?

세인트릴리
쿠키에게
그 일만 일어나지
않았어도….

?!

세인트릴리 쿠키에게
무슨 일이
있었는데요?

아!
네가 떠난 뒤에
생긴 일이라
모르겠구나.

졸업 전
마지막 학기의 방학 때
세인트릴리 쿠키는
혼자 여행을 떠났어.
그리고…, 다시 돌아왔을 때
세인트릴리 쿠키는
어딘가가 많이
달라져 있었지.

가장 친한
퓨어바닐라 쿠키와도
만나지 않고
고대 서적이 보관되어 있는 도서관에서
하루 종일 시간을 보내더니….

졸업반 학생들이
마지막 졸업 작품을 준비할 때
세인트릴리 쿠키는
엉뚱한 걸
만들고 있었어.

참고로 퓨어바닐라 쿠키는
졸업 작품으로 감기를 낫게 하는
마법을 만들었어.

엥? 잠깐만요.
퓨어바닐라 쿠키는
최고의 마법사라던데
겨우 감기 낫는
마법을
만들었어요?

겨우라니!
감기는 세균이 아닌
바이러스 질환으로
딱히 치료제가 없는 병이야!
그걸 낫게 하는 마법은
굉장한 거라고!

마법의 '마'자도
모르는
쿠키 같으니!

아…,
죄송합니다.

태초에 마녀가
거대한 쿠키를 구워 옮기던 중,
실수로 달콤한 바다에
떨어트리면서 대륙이 생긴 뒤,
그 아름다운 세계에서 살아갈
선하고 정의로운 생명체를
만들기로 마음먹었어.

정성스레 만든
알록달록 설탕과 매끄러운 버터,
달빛과 속삭임 등
이 세상에서 가장 순수한 재료들을 모아
반죽해 그것으로 쿠키를 빚고
거기에 생명을 불어 넣어
최초의 쿠키를 탄생시켰다고 하지.

Butter

그런데 신의 능력이 없는 쿠키가 어떻게 쿠키를 창조할 수 있겠니. 아무리 세인트릴리 쿠키가 훌륭한 마법사라도 불가능한 일이지….

예상대로 세인트릴리 쿠키의 실험은 실패했고, 스스로 꿈틀거리는 징그럽고 이상한 검은 젤리처럼 보이는 물체만 만들었어.

그리고… 졸업식 전날. 바다 깊은 곳에서 어떤 유물이 발견되었는데 연구를 위해 우리 마법학당으로 가져오게 되었지.

그 유물이 바로 '쿠키 커터'란다.

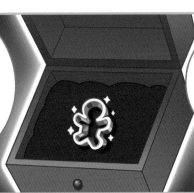

그런데 쿠키 커터를 본 세인트릴리 쿠키가 갑자기 의미를 알 수 없는 미소를 지었어.

그날 이후, 다시는 세인트릴리 쿠키를 볼 수 없었지. 퓨어바닐라 쿠키와 학교 선생님들 모두가 찾아 나섰지만 흔적도 없이 사라졌더구나.

아….

도대체 그 아이에게 무슨 일이 있었길래 그렇게 변했던 걸까….

아, 그러고 보니 3년 전에 일어난 전쟁 때문에 마법학당 밖의 세상은 지금 지옥 같을 텐데!

3년…?

그 전쟁을 뚫고 여길 어떻게 왔지?

이상한데. 뱃사공인 골카론도 명계로 돌아갔는데 말이지.

용감한 쿠키…. 교장 선생님이 혼란에 빠진 것 같아.

으음…. 왠지 불안한데.

네가
어떻게…?!

교장 선생님!
괜찮으세요?
일부러 그런 거
아니에요!

아이고,
기절하셨어!
어쩌지?

용감한 쿠키!

지금이야!

파-아

아,
그건…!

쿠키 커터에
교장 선생님을
통과시키자고!
지금밖에
기회는 없어!

칠리맛 쿠키!
하지만…!

하지만….

이 작은 곳에
어떻게 통과시켜?

가스 생명체가
걸러져
나오고 있어!

희미하지만 뭔가
빠져나가는 게
보인다!

뭐, 뭐야?
나한테 오는 거야?
살아 있는 쿠키한테는
영향이 없다고
했었는데….

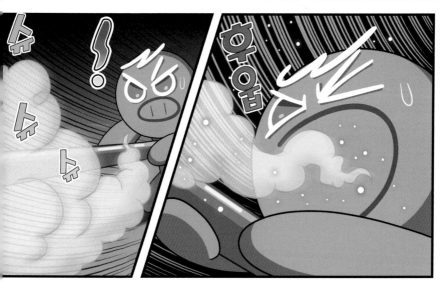

됐어! 교장 선생님은 다 통과….

너 뭐 하나?

읍….

읍!

우읍!

뭐? 네 입안에 가스 생명체를 잡아 넣으니 빨리 교장 선생님을 깨우라고?

선생님! 정신 좀 차려 보세요!

펄럭

펄럭

어지럽구나…!

지금 이게
대체 무슨…!

설명은 나중에 할게요!
선생님들을 이상하게 만든
가스 생명체를
용감한 쿠키가 자기 입에
잡아 두고 있어요!
어떻게 좀 해 주세요!

끄윽…!

우웁!

꾸르르

용감한
쿠키!

차아

대학자의
마법…!

매직 석션!

우웅

웅

웅

파 아

휘오오오

휘잉

휘잉

헉 헉 헉

고맙습니다!
교장 선생님!

용감한 쿠키, 오랜만이구나. 정말 반가워.

처음 만난 후 수천 년의 세월이 흘렀을 텐데, 넌 여전하구나.

교장 선생님! 기억이 돌아 오셨군요!

맨날 빵점만 받다 밀려 써서 50점 받은 용감한 쿠키를 잊을 수가 있나~.

바할로모트 교장이 만든 마법진 '매직 석션'은 교내를 돌아다니며 모든 가스 생명체를 빨아들이기 시작했다.

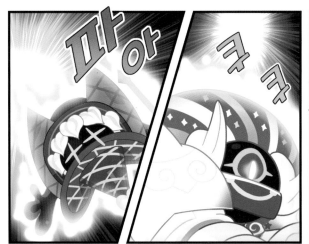

5화 여왕의 곁으로

그런 건 괜찮아. 어쨌든 우리가 제정신을 찾았다는 게 중요하지. 그건 다 여기 있는 용감한 쿠키와 칠리맛 쿠키 덕분이니 감사의 인사를 하자고!

아니, 괜찮아요…!

그보다, 역사 선생님!

선생님이 두루마리에 제 친구들을 가뒀거든요. 풀어 주시면 안 될까요?

내가?

이런!

우릴 잊지 않았구나~.

간단해.
이름을 지우면
된단다.

속삭

속삭

샤아

ㅅㅅㅅ

와!

다행이야,
얘들아!

흐음….

그런 일들이
있었다니….

그동안
마법학당 밖의 세상에는
수천 년이 흘렀군요.

전쟁은 끝났고
위대했던 쿠키 왕국들은
기억에서조차
사라져 버렸다나….

그토록 현명하던
퓨어바닐라 쿠키와
영웅 쿠키들을 이젠
다시 볼 수 없다는 게
정말 아쉽습니다.

그렇다면…,
이제 우리도
사라질 때가 되었네요.

네?!

그게 무슨
말씀이세요?

우리가 학당을
끝까지 지킨 건
언젠가 다시 돌아올
학생들을 위해서였어요.

학생들이 없다면
선생이 존재할
이유가 없지요.

그런데
우리의 제자들은 이미
수천 년 전에 사라져
버렸으니….

우리에게 주어진 시간은
이미 예전에 끝났는데
학생들이 돌아올 거라 믿고
아직까지 영체를
유지하고 있었던 거랍니다.

이제
가야 할 때가
왔어요.

교장 선생님!
하지만…
전 물어볼 게
많은걸요!

제발 제게
답을 주세요!

용감한 쿠카….

전 수천 년 동안의 기억을 잃었어요. 그리고 제 조각난 기억 속에 떠오르는 친구를 찾고 싶고요.

친구들이 위기에 처한 저를 달로 보내 줬지만 그다음은 아무것도 기억나지 않아요. 왜 전 수천 년 동안 살아 있는지, 벨벳케이크맛 쿠키와는 무슨 일이 있었는지도요!

용감한 쿠키…. 우리는 이곳 차원 경계 너머의 블루베리 요거트 마법학당에만 있어서 바깥세상의 일은 잘 알지 못해요.

하지만 달이라면…, 알고 있는 게 있지요.

달에 대해서요?

달에는 거대한 도시가 있습니다.

네?!

다, 달은 아무도 살 수 없는 곳 아닌가요? 그곳엔 공기도 없다고 들었어요!

자세한 건 모르지만 마법의 힘으로 세운 놀라운 도시가 있다고 들었어요.

마법으로 도시를 세웠다고?!

이제 사라질 시간이 됐네요.

만나서 반가웠어요, 쿠키 친구들….

잠시만요! 아이스크림 유령들을 잡아가는 쿠키가 있어요. 설산에 사는 여왕이 시켰다는데…, 착한 유령들을 왜 잡아가는지 아세요?

우웅

스스스

앗!

선생님!

스스스

설산이라….

여왕의 곁으로 ✦ 129

설산의 정상에는
겨울의 여왕이
살고 있어요.
그녀는 추운 세상을 떠도는
영혼의 구원자이며….

가볍게 내려앉지만
서서히 모든 것을 얼리는
서리의 여왕이죠.

절대 사악하거나
남을 해하는 존재가
아니랍니다.

눈보라 속에서
길을 잃은 영혼의 안내자이자
구원자인 서리여왕 쿠키가
유령들을 잡아갈 리 없어요.

요즘 환절기라
푸석푸석해서
사진발이 안 받는 걸 거야.
해골에 에센스 좀
발라야겠어.

사진은 보정을
좀 해서
얼굴을 좀
작게….

골카론!

어?!

너희들 왔구나!
그래. 학당의 선생님들은
만났어?

네. 그런데 학생들이
아무도 없다는 걸
알고 나서 선생님들도
다 사라지셨어요.

저런….

학생들을 무척 아끼던
분들이셨어.
그 심정을 알 것 같네. 아쉽다.
이제 이 학당에 올 쿠키는
아무도 없겠구나.

난 다시
백수가 되는 건가.
흑….

골카론….
울지 마요.

그래,
내 마지막 손님들….
어서 타.

유령 님! 다녀왔습니다!

갈 때는 쿠키끼리 가더니 올 때는 마법학당을 통째로 데리고 온 거예요! 어떻게 된 거예요!

마법으로 다른 차원에 존재하고 있던 학당이 선생님들이 사라지자 원래 지어졌던 쿠키 세계로 다시 나오게 된 거지, 뭐~.

아하!

그럼 이제 학당은 골카론의 배 없이도 아무나 갈 수 있겠군요!

평범한 배로도 충분히 갈 수 있겠어.

칫.

그래! 이제 나 같은 건 필요 없다, 이거지!

너희들 나중에 멍계에 오면 배 태워 주나 봐!

아니에요! 오히려 골카론이 더 필요하게 될 거라고요!

고대에 있던 전설의 마법학당이 나타났다는 건 엄청난 일이잖아요. 곧 전 대륙의 학자들과 관광객들이 여기로 몰려올 거예요.

학당은 역사적으로 엄청난 유물이니까요!

뭐?

그래…?

골카론의 배로 호수 가운데 떠 있는 학당까지 손님들을 태워 주는 일을 하면 되잖아요.

그러면 친구도 많이 생길 거예요!

친구!

이곳이 유명해지면 골카론은 유명 인사가 되는 거라고요! 마법학당의 뱃사공이라니 대단하잖아요.

유명해 진다고?

내, 내가…?

그럼 나 멍게 뱃사공 자리는 아예 사표 내고 여기서 제대로 일해 볼래!

오헤헤

쿠키들이 많이 모이면 아이스크림 유령들도 다시 아이스크림을 팔며 행복하게 살 수 있을 거예요.

말은 고맙지만…, 우리는 지금 언제 잡혀갈지 몰라 두려워요.

바할로모트 교장 선생님이 설산의 정상에는 서리여왕 쿠키가 살고 있다고 하셨어요.

영혼 사냥꾼도 여왕에 대해 얘기했었죠?

서리여왕 쿠키는 나쁜 쿠키가 아니래요.

아무래도 그 쿠키한테 무슨 일이 생긴 것 같아요. 저희가 산에 올라가 서리여왕 쿠키를 만나 해결해 볼게요.

설산의 정상에 오르겠다고요?

우리가 예전에
아이스크림을 만들 눈을
가지러 자주 가 봐서 아는데,
저 산은 쿠키들이 오를 만한
산이 아니에요.

중간 지점까지는
그럭저럭 오를 수 있지만,

그 위로는 수시로
강력한 눈보라가 몰아치고
언제 눈사태가 날지 모르는
험한 지형이 계속된답니다.

그리고 한번 빠지면
다시는 나올 수 없는
크레바스가 곳곳에 있어요.
수많은 쿠키들이 설산을
오르다 돌아오지 못했죠.

그런데도 산꼭대기에 정말 올라갈 거예요?

휘오오오

저희를 도와주려는 건 정말 고맙지만, 저 산을 오르는 건 정말 위험해요.

괜찮아요. 어차피 우리는 저 산을 넘어서 소울 잼이 있는 곳으로 가야 해요.

괘, 괜찮지, 친구들아?

그… 글쎄.

뭐….

서리여왕 쿠키를 만나서 잡혀간 유령 친구들을 되돌려 보내고 착한 유령들을 더 이상 잡아가지 말라고 부탁할게요! 너무 걱정 마세요, 착한 유령 님들!

어흑…. 너무 고마워서 어쩌죠.

잠시 후….

쿠키 님들! 이걸 가져가세요.

저희가 정성껏 마련한 먹을거리예요. 산에 오를 때 허기지면 드세요.

와! 정말 고맙습니다!

부디 조심해요!

네! 고마워요, 유령 님들!

영혼 사냥꾼이 또 올지 모르니 잘 숨어 있어요!

저희가 꼭 해결할 테니 그때까지만요!

와

아

와! 점점 밝아 온다!

근데 우리 뭔가 잊고 있는 거 없어?

그게 뭔데?

아주 중요한 거….

엄청나게 많은 일이 있었던 것 같은데 그게 다 하룻밤에 일어난 일이라니.

바로 잠!

우리 지금 며칠째 안 자고 있다고!

악! 맞네!

으아! 네 말을 들으니까 졸음이 미친 듯이 몰려온다!

으, 눈꺼풀에 누가 돌덩이 올려놓은 것 같아.

전 누가 눈에 모래라도 뿌린 것 같아요!

안되겠네요.

이럴 때 쓰면 좋은 게 있어요! '잠이여, 안녕' 물약!

척

이걸 한 병 마시고 1분만 자면 열 시간 이상 잔 것 같은 효과가 있답니다.

와! 그런 획기적인 약이 있어?

1분 후….

이렇게 푹 잔 거 처음이야!

우아!

개운해요!

제가 예전에 연금술사 국가고시 공부할 때 이거 먹으며 공부했어요.

오호, 이 약 마감에 시달리는 만화가들에게 꼭 필요한 약이네~.

친한 만화가라도 있냐? 뜬금없이 만화가 걱정은….

이제 힘내서 산을 오르자!

안 되겠어! 일단 저기 바위 밑에서 눈보라가 잠잠해질 때까지 기다리자!

으, 저기까지 가기도 힘들 것 같아!

으아아!

꽉! 잡아요!

다 모였으면 눈으로 주위를 막아요!

기온이 너무 낮으니 바람을 막아야 체온을 유지할 수 있어요!

서두르자!

흐아…. 다 막았다.

혁 혁

혁 혁

바람을 막으니 그나마 살 것 같아.

쿠키생에 이런 눈보라는 처음이에요.

아이스크림 유령 말이 맞았어. 만만하게 볼 산이 아니야.

휴. 볼이 떨어져 나갈 것 같아.

근데 여기도 너무 춥다.

갑자기 이렇게 추워질 수 있는 거야?

덜덜덜

옷이라도 따뜻하게 입고 올걸.

아무 준비도 없이 산에 오르다니, 무모했어요.

덜 덜

꼬르륵

그 와중에 배까지 고파!

춥고 배고프고! 괴로워~.

아!

아이스크림 유령이 싸 준 음식 지금 먹자!

맞아! 그게 있었지?

와, 진짜 다행이야. 빨리 꺼내 봐! 뭘까? 빵? 과자?

김밥? 돈가스 도시락?

아이스크림이네….

어흑…. 이빨이 얼어서 깨질 것 같아.

머리 아파…!

어떡하냐, 아이스크림 먹으니까 더 추워졌어.

그, 그래도 맛은 있네!

아이스크림 맛집 맛구먼!

아, 따뜻한 커피를 마시니 살 것 같아.

후룩

그럼 우리 몸도 녹일 겸 따뜻한 커피 한 잔씩 하죠!

에스프레소맛 쿠키…. 진작 주지.

추울 때 마시는 커피는 한마디로….

살려….

살려 줄 수 없는 맛….

⋯？

？

？

다들 들었어요? 방금 살려…라고 하지 않았나요?

살…려….

맙소사!

설산에 우리 말고 쿠키가 있었어!

완전 꽁꽁 얼었네.

따뜻한 커피를 마시게 하면 깨어날 거예요.

주르륵

주전자 채로…?

번쩍

와! 저를 구해주셨군요! 감사해요. 이 은혜는 꼭 갚겠습니다.

다행이에요! 어쩌다 이런 곳에…?

그런데 제가 지금은 너무 바빠서 이만 가 보겠습니다!

엇!

꿀 꿀 꿀

우앗! 저를 또 구해주셨군요! 이 은혜는 반드시 갚겠습니다.

벌떡

하지만 전 갈 곳이….

지금은 눈보라가 심해서 앞으로 갈 수가 없어요. 여기서 잠시 쉬어가요.

아…, 빨리 산 정상으로 가야 하는데 큰일 났네.

산 정상이요? 거긴 왜요?

그곳에 서리여왕 쿠키의 궁전이 있거든요.

서리여왕 쿠키를 만나러 가는 거라고요?! 누구시길래 서리여왕 쿠키를…?

제 이름은
목화맛 쿠키예요.

사실은
서리여왕 쿠키를
만나러 가는 게 아니라
제 친구를 찾으러
가는 거랍니다.

제 친구는…
아주 어릴 때부터
저와 같이 자란
소꿉친구예요.

이 세상에서
제일 다정하고 착하고
따뜻하고 잘생긴
자랑스러운 친구죠.

여기 제 친구의
사진이 있는데
한번 보실래요?

깜짝

얼마나 잘생겼는지
보면 깜짝
놀랄걸요?

서리여왕 쿠키가
제 친구의 심장을
얼려 버렸어요.
이 세상에서 가장 따뜻한
마음씨를 가진
제 친구 '소르베맛 쿠키'의
심장에 서리를
흘려 넣어서,

얼음처럼 차가운
심장을 가진
감정이 없는 쿠키로
만들어 버렸답니다.

그래서 전
제 친구를 되찾으러
가는 거예요.
상대가 겨울의 지배자든,
냉기의 여왕이든
상관없어요.

전 반드시
소베르맛 쿠키를
예전의 따뜻한 제 친구로
되돌릴 거예요.

소베르맛 쿠키에겐 대체 무슨 일이?!

여왕의 곁으로 ✦ 155

골카론이 쿠키들과 만나 친구가 된 이야기를 명계의 친구들에게 해 주려고 합니다. 아래의 그림과 설명을 잘 보고 순서대로 나열해 보세요.

논리력

1

뱃삯을 받아야 한다는 거지.

네?! 뱃삯이요?

고…공짜로 태워 주시는 거 아니었어요?

골카론은 용감한 쿠키 일행을 모두 태울 수 있지만 뱃삯을 내야 한다고 말해 용감한 쿠키 일행을 당황하게 한다.

2

물속처럼 보이는 차원의 경계를 무사히 지나게 된 용감한 쿠키 일행은 뱃삯으로 골카론을 위한 사진을 찍게 된다.

3

아이스크림 유령의 안내에 따라 골카론을 불러낸 용감한 쿠키 일행은 그의 무시무시한 모습에 놀란다.

4

기대하라고! 자, 가자!

괘, 괜찮을까?

저렇게 말하는데 별일 없겠지….

골카론은 용감한 쿠키 일행이 물속에서도 숨을 쉴 수 있냐고 걱정하자 걱정하지 말라고 말하며 그들을 배에 태우고 물속으로 들어간다.

(   ) – (   ) – (   ) – (   )

구서력

　도서관 사서와 혼탁한 차원의 거울에서 나온 차원 몬스터를 피해 도망친 용감한 쿠키 일행은 교실에서 역사 선생님을 마주하게 된다. 수업을 빠진 학생들을 확인하던 역사 선생님은 퓨어바닐라 쿠키와 세인트 릴리 쿠키가 수업에 빠졌다고 말한다. 이 말을 들은 용감한 쿠키가 역사 선생님에게 세인트릴리 쿠키에 대해 물으려 하지만 역사 선생님은 그들의 이름을 물으며 수업에 빠진 명단에 적으려 한다. 쿠키들의 이름을 악몽의 명단에 적어 두루마리에 가둬 버린 역사 선생님은 재빠르게 도망가는 용감한 쿠키와 칠리맛 쿠키를 놓치고 만다.

① 용감한 쿠키 일행은 역사 선생님을 피하려다 도서관 사서를 만난다.
② 역사 선생님은 용감한 쿠키에게 세인트릴리 쿠키의 이름을 처음 들었다.
③ 역사 선생님은 쿠키들의 이름을 명단에 적어 도망가지 못하도록 했다.
④ 용감한 쿠키는 연금술사맛 쿠키와 함께 도망쳤다.

①과 ③의 그림을 보고, ②에 들어갈 수 있는
이야기를 자유롭게 써 보세요.

창의력

레벨업 퀴즈 ④

폐허가 되어 버린 도서관을 보고 놀란 용감한 쿠키 일행! A그림과 B그림을 비교하고 다른 부분 다섯 곳을 찾아 보세요.

용감한 킹덤일보 10호

✤ 책 속 이벤트 ✤

과거 블루베리 요거트 마법학당 최고 인기과목의 정체는?!

전설적인 마법학당이자 어썸브레드 대륙 최고의 마법 교육기관이라 평가받았던 블루베리 요거트 마법학당. 전쟁 이후로는 소식을 들을 수 없었던 블루베리 요거트 마법학당이 용감한 쿠키 일행에 의해 다시 활기를 찾았다고 합니다.

용감한 쿠키 일행은 마법학당의 교장 선생님이자 위대한 마법사, 바할로모트를 찾으려 학당에 갔으나 처음 마주하게 된 건 도서관을 지키고 있던 인자한 사서 선생님과 귀여운 역사책들이었습니다. 그들과 함께 도서관 구경을 마친 용감한 쿠키 일행은 헌신적인 역사 선생님과 함께 일일 역사 수업 체험을 한 뒤, 마법학당 최고의 인기 수업을 듣기 위해 자리를 옮겼습니다.

예전부터 열정적인 수업 태도와 기발한 화학물질을 만들기로 유명해 인기가 많았던 이 수업의 선생님은 용감한 쿠키와 칠리맛 쿠키를 반갑게 맞아 주었다고 하는데요. 이 선생님이 가르치는 과목의 이름은 무엇일까요?

※ 이 기사는 블루베리 요거트 마법학당으로부터 소정의 원고료를 받아 작성되었습니다.

정답을 맞히면 푸짐한 선물 있다고 전해져….

정답을 맞혀 [용감한 킹덤일보]에 제보해 준 독자 **20명**을 뽑아 선물을 드립니다.

▲쿠키런 킹덤 1000크리스탈 쿠폰 2개(10명)

▲쿠키런 브레이브 어드벤처 키트(10명)

◆ **참여 방법**　① 카카오톡 채널에서 '서울문화사 어린이책' 채널 추가한다.
　　　　　　　② 이벤트 기간 동안 [용감한 킹덤일보 10호] 게시글을 읽는다.
　　　　　　　③ [용감한 킹덤일보 10호] 링크를 누르고 질문에 답한다.

◆ **이벤트 기간** 2023년 1월 2일 ～ 2023년 1월 27일까지

◆ **당첨자 발표** 2023년 1월 31일
　　　　　　　　(서울문화사 어린이책 공식 카카오톡 채널에서 게시글 공지)

※실제 상품은 이미지와 다를 수 있습니다.